改訂新版

「聖書は初めて」という人のための本

内田和彦［著］

ファーストステップシリーズ
1st Step Series

いのちのことば社

装幀＝ロゴス・デザイン（長尾 優）

目次

はじめに

姉の本棚にあった「聖書」を何気なく手にしたのは、中学二年生の冬だったでしょうか。本は第一頁から読むものと思っていましたから、とにかく順番に読み始めました。最初にあったのは「創世記」。天地の創造、エデンの園、ノアの箱舟、どこかで聞いたような話が出てきて、結構おもしろかったことを覚えています。さらに読み進むと、「出エジプト記」。モーセを先頭にエジプトを脱出するイスラエル人の話は、なかなかスリルに満ちたものでした。

しかし、そこから先は、まさに密林でした。「幕屋」の建設についての細かな指示。斜め読みして抜けると、そこにもう一つジャングルがありました。牛や羊のいけにえを語る「レビ記」です。かき分けて進むと、次は「民数記」という砂漠です。ところどころオアシスもありますが、聞いたこともない名前のリストにはギブアップです。

世界のベストセラーに挑んだ十三歳の少年は、そこで力尽きたのでした。

幸いにして、その「挫折」にこりず、高校に入って再挑戦、今度は読み通すことになりました。

以来、私は聖書とともに生きてきました。聖書が私の拠りどころであり、支えでした。聖書に力づけられ、慰められ、導かれてきたのです。早いもので、六十年余りの時が過ぎて、白髪の後期高齢者になりました。

そこで今あらためて原点に帰って、「聖書は初めて」という人のために本を書いてみようと思います。あの六十年前の少年を助けるつもりで。これから聖書を読もうとする方々に知っていただきたいことを、まとめてみたいと思います。

第一章　聖書を開いて

何はともあれ、聖書を開いてみてください。

私はふだん、新日本聖書刊行会翻訳・いのちのことば社発行の『聖書 新改訳２０１７』を用いています。おおかたこの聖書にそって、以下の話を進めていきたいと思います。

実は、日本語の聖書は何種類かあります。『聖書 新改訳２０１７』のほかに、日本聖書協会発行の「聖書」（旧約聖書が一九五五年改訳、新約聖書が一九五四年に改訳）があります。これは通常「口語訳聖書」と呼ばれているものです。私が初めて手にしたのも、この「口語訳」でした。当時はまだ「文語訳」を用いる人たちがかなりいました。最近では、一九八七年に発行された『聖書 新共同訳』が普及していますし、二〇一八年に『聖書 聖書協会共同訳』が出されました。

ほかにも数種類、日本語の聖書がありますが、だいたいが個人訳ですから、これから購入する方には、「新改訳２０１７」、「新共同訳」、「聖書協会共同訳」の中から選ぶことをお勧めします。たいていの書店にありますし、なければ注文ができます。
それでは聖書全体について簡単に説明しましょう。

1 「旧約聖書」と「新約聖書」

聖書の中には、「新約聖書」だけのもの、「新約聖書」に「旧約聖書」の一部がついたもの、ときには「旧約聖書」だけのものもあります。分厚いものには「新約」「旧約」（私たちは「新約」「旧約」と省略します）の両方が収められていますが、一応確かめてみてください。

高校の授業で、「旧約は旧教（カトリック）、新約は新教（プロテスタント）の聖書です」という説明を聞いたことがありますが、それは誤解です。カトリックもプロテスタントも、旧新約の両方を収めたものを「聖書」と呼び、正典（神のことばとして権威をもった書物）としています。

「旧約」というのは「旧《ふる》い契約」という意味です。といえば「新約」が「新しい契約」であることがわかりますね。

◆「旧約」聖書

旧約聖書は今から約二千年前、イエス・キリストの時代にすでに存在していました。ユダヤ人、ユダヤ教徒が「聖書」と言えば、この旧約聖書のことです。

聖書は、まさに「契約の書」です。これによれば、万物を創造した神は人も造りました。しかし、人は神に背き、罪を犯しました。それでも神は人を見捨てませんでした。今から四千年ほど前、神はアブラハムという人物を選んで、彼と契約を結びました。「契約」といっても、一方的な祝福の約束と言ったほうがよいかもしれません。神はアブラハムに対し、「大いなる国民にしよう」と約束しました。アブラハム一族の繁栄というより、世界中の人がアブラハムの子孫を通して祝福されることを約束したのです。

このアブラハムの子孫がイスラエル人です（ユダヤ人、さらには聖書ではヘブル人と呼ばれることもあります）。

アブラハム一族はカナン（パレスチナ）に移住しましたが、飢饉《ききん》のためにエジプトに下りました。何世代かのうちに人口が急増するのですが、王朝が替わると、奴隷の民に零落してしまいました。その苦境から彼らを救い出した指導者がモーセです。

紀元前十五世紀、モーセに率いられたイスラエル人はエジプトを脱出しました。その大事件を描いたのが映画『十戒』です（以前、上映されたアニメ映画『プリンス・オブ・エジプト』も同じです)。『十戒』という題名は、モーセがシナイ山で神から十の命令＝十戒を与えられたことによります。

神はまた、将来モーセのような「預言者」を与えると約束しました。アブラハムとの契約が更新されたことになります。

その後、彼らはパレスチナに入り、そこに定住していきました。そして王が立てられるようになります。今から約三千年前に登場する王が、有名なダビデです。神はダビデと契約を結び(契約の再更新です)、その王位は永遠に続くと言いました。しかし、孫の代になると王国は分裂し、北王国イスラエルは紀元前八世紀、南王国ユダも六世紀に滅亡してしまいます。

そのころ登場した預言者の一人に、エレミヤという人物がいます。彼は、神が「新しい契約」を結んでくださる日が来る、そしてその時には神が罪を一方的に赦してくださる、と予告しました。

◆「新約」聖書

このように繰り返し語られてきた約束、契約がイエス・キリストにおいて実現しました。イエスはモーセのような預言者でした。ダビデの王国は滅びましたが、イエスは、滅びることのない、神による永遠の支配（神の国）を実現する方です。神に背いた私たちに罪の赦しをもたらし、全世界に祝福をもたらす方です。イエスが古くからの約束を実現し、新しい契約を成就したのです。ですから、イエスの登場とともに、「新約」聖書が誕生することになります。

少し話が長くなりましたが、「旧約聖書」、「新約聖書」という呼び方にはこのような意味があるのです。

2　章と節

聖書はだいたい万国共通の章節で区切られています。教会で聖書を読むとき、また聖書の箇所を特定しようとするなら、章と節に区分されていることがたいへん便利であることに気づくでしょう。

『聖書 新改訳２０１７』の標準版では、二行にまたがって大きな1、2、3といった数字がありますが、それが「章」です。また行の頭にある小さな数字が「節」を示しています。他の聖書でも似たり寄ったりです。

ただし、一章しかない書物もあります。新約聖書の目次を見ると、後ろのほうに「ピレモンへの手紙」、「ヨハネの手紙第二」、「ヨハネの手紙第三」、「ユダの手紙」といった書物が見つかるでしょう。いずれも小さな手紙なので、章はなく、節の区分だけです。旧約聖書では「オバデヤ書」が一章のみです。

逆に何十章にも及ぶ書物もあります。旧約聖書の初めにある「創世記」は五十章、「出エジプト記」は四十章です。「イザヤ書」は六十六章もあります。一番多いのは聖書の真ん中に位置している「詩篇」ですが、百五十篇（詩篇だけは「章」でなく、「篇」といいます）あります。新約聖書で章が一番多いのは、「マタイの福音書」と「使徒の働き」で、いずれも二十八章あります。

章の長さは一定してはいません。三節しかない短い章（詩篇一三四篇）もある一方で、一七六節、堂々九頁にもわたるようなもの（詩篇一一九篇）もあります。節にしても長さはばらばらです。

このような章節の区分は初めからあったわけではなく、十六世紀のある印刷業者が付けたものです。それが万国共通のものとなりました。

3　原典と翻訳

皆さんが手にしている聖書は、「原典」から日本語に翻訳したものです。では、原典はどこにあるのでしょう。実はもはや存在していないのです。

そのような言い方をすると、「不安」に感じる人もいるかもしれませんが、心配は要りません。幸い原典を写したもの、「写本」があります。現代のようにコピー機があるわけではありませんから、書記が手で写したものです。しかし、彼らはかなり正確に写しを作りました。したがって、原典から写し、それをまた写し、それをまた……と代を重ねても、大きく変わることはなかったようです。

専門家たちは長い年月にわたって原典の復元をしてきました。その作業を「本文批評学」といいます。不明瞭なところが完全になくなったわけではありませんが、彼ら本文批評学者の努力によって、かなり原典に近いものが復元されていると考えてよいのです。

私たちが手にしている聖書は、そのようにして復元された本文を日本語に翻訳したものです。旧約聖書はヘブル語（一部はアラム語）で、新約聖書はギリシア語で記されています。そこでそのような言語を修得した専門家たちが、長い年月をかけ、歴史学や文学、言語学などの学問的な検討を加えて、翻訳したものが、私たちの手もとにある「聖書」なのです。研究はさらに進んでいますし、日本語自体も変化していますから、改善の余地のない究極の翻訳はありません。何十年かのうちには新しい翻訳が必要になります。それでいくつもの訳が生まれてきたのです。

そうしたことをわきまえつつ、今私たちは、安心して読むことができる翻訳聖書を持っていると言うことができます。もちろん専門的な研究をするには、原語で聖書を読み、解釈することが必要になりますが、ふだんの生活において聖書を読んでいくのであれば、翻訳聖書で十分事足りるのです。どうぞ安心して聖書を読んでください。

第二章　聖書の内容 (一) ――旧約聖書

聖書そのものを読まず、入門書のたぐいをかじって、「聖書っていうのは……」と論じる人がときたまいますが、残念なことです。入門書で終わらせずに、ぜひご自分で聖書と取り組んでいただきたいと思います。

しかしまた、聖書を読むことは、決して容易ではありません。「読めばわかります」と言うのは無責任でしょう。聖書という深い森に入って行くためには、地図が必要です。そこでこの章では、必要最低限の道しるべをさしあげたいと思います。

聖書の目次を開いてみてください。旧約聖書が多くの書物で構成されていることがわかるでしょう。全部で三十九あります。

それは大きく三つに区分できます。最初の創世記から十七番目のエステル記までが「歴史書」。その次のヨブ記から雅歌までの五つが「詩歌」。残る十七が「預言書」です。

ただしこれは便宜上の区分で、「歴史書」に詩や預言が語られていたり、「預言書」に歴史的な記述が含まれていたりします。しかし、おおまかに言えば、「歴史書」は、天地創造に始まり、イスラエル民族の起源と歴史を記したものです。また、「詩歌」には詩や格言などがあります。「預言書」は、神のことばを語る預言者たちのことばが中心です。「預言」は「予言」と受け取られがちですが、必ずしも同じではありません。同じ「よげん」でも漢字の「預」と「予」は違うのです。「予言」はこれから起こることの予告ですが、「預言」は必ずしも未来のことではありません。現在のことも過去のことも含めて、神から語るように「預けられたことば」なのです。

それでは、この三つの区分にしたがって、少し内容を紹介しましょう。

1 歴史書

(1) 創世記

創世記は「創世」について、つまり世界の創造について語る書です。この宇宙が偶然生じたものではなく、驚くべき知恵と力をもった人格的な神が創造したものであること、また人間は「神のかたち」に創造されたが、神に背いて罪を犯すものとなったことなどが、最初の三章に記されています。これが聖書の世界観、人生観の土台です。

続いて大洪水が起こります。ノアとその家族だけが洪水から救われ、そこから人類は増え広がります。その中から神はアブラハムを選び、彼の子孫を通して人類全体を祝福することを約束します。アブラハムの孫ヤコブがイスラエルと呼ばれ、彼の十二人の息子たちがイスラエル民族（ユダヤ人）の先祖となります。

大飢饉が起こって、ヤコブ一族はエジプトに助けを求めますが、そこで、死んだと思っていた息子の一人ヨセフと劇的な再会をします。ヨセフはエジプトの宰相になっていました。そのヨセフの死をもって「創世記」は終わります。

(2)　出エジプト記

ヤコブの子孫はエジプトで奴隷の民となってしまいました。しかし、王宮に育ったヘブル（イスラエル）人モーセに率いられて、脱出に成功します。戦車を駆って彼らに迫るエジプトの軍勢は紅海の水に呑まれてしまいました。

ヘブル人たちはカナン（パレスチナ）を目指しますが、苛酷なシナイの荒野で不平をもらします。しかし、神は彼らにマナという食物を与え養いました。また十戒を中心とする教え（律法）を与えます。さらに、神を礼拝する幕屋や神の臨在を表す聖所の建設に関する規定、そこで働く祭司についての指示も伝えます。記されていることの多くは、今日の私たちには無縁のように見えるかもしれませんが、それは神との関係を中心にして生きることの大切さを教えているのです。

(3) レビ記

レビ記に私たち日本人は違和感を覚えるかもしれません。そこには神がモーセを通して命じた、「全焼のささげ物」、「交わりのいけにえ」、「罪のきよめのささげ物」、「代償のささげ物」といったいけにえの規定や、いけにえをささげる祭司に関する規定が記されているからです。

けれども、動物たちのいのちを犠牲にしなければ、罪が赦されないということから、人間の罪の深刻さが知らされます。

なお「レビ記」という表題は、祭司として働くアロン（モーセの兄）とその子孫が、イスラエルの十二部族の一つ、レビ族であったことによります。

(4) 民数記

民数記という名称は一章と二六章に出てくる人口調査に由来しています。しかし、全体としては、イスラエル人が荒野を進んで行く様子を語るものです。

特に目立つのは、人々の不平不満がつのっていく様子です。不信仰と不従順の結果、彼らは荒野に四十年間さまようことになってしまいます。世代が替わるまで、彼らは約束の地カナンに入ることができなくなりました。なんとモーセまで入ることができなくなってしまったのです。

(5)　申命記

その四十年の終わりにもう一度荒野の生活を振り返り、自分たちに対する神の顧みを回想するのが申命記です。約束の地で神に信頼してどのように生きるのか、それも教えています。モーセはイスラエルの民に対し、もし神に従うなら祝福を受けるが、従わないならのろわれたものとなると語ります。そして偉大な指導者モーセは死を迎えます。

創世記から申命記までを「モーセ五書」といいます。ユダヤ人はこれを「律法」（トーラー）と呼んで、旧約聖書の中でも特に重んじています。

(6)　ヨシュア記

モーセの後継者となったのはヨシュアでした。イスラエルの民はヨルダン川を渡り、カナンに侵入しました。まずエリコという町を攻略し、他の町々を征服していきます。そして土地と町々を十二の部族に割り当てていきます。

繰り広げられる戦いは、今日の視点から見れば侵略戦争のように映るかもしれません。しかし、それはあくまでもカナンの先住民族の腐敗（たとえば、子どもをいけにえにささげるようなこと）に対する神のさばきでした。それは特殊なケースですから、それに基づいて戦争を肯定したり、「聖戦」を正当化したりすることはできません。

(7) 士師記、ルツ記

ヨシュアの死後、指導者を欠いたイスラエル民族は弱体化していきます。「そのころ、イスラエルには王がなく、それぞれが自分の目に良いと見えることを行っていた」という士師記の結びから、当時の状況がうかがわれます。周囲の民族に圧迫された苦しみの中で彼らが神に助けを求めると、神は強力な指導者を与え、彼らを窮地から救い出します。エフデ、デボラ、ギデオン、サムソンといった「さばきつかさ」=「士師」が活躍します。神に従うことにおいて中途半端なため失敗を繰り返す人々の姿、そしてそれでもあわれみをもって助けの手を伸べる神の姿が描かれています。

ルツ記は同じ時代の書です。夫に先立たれたモアブ人の女性ルツが、姑についてユダヤのベツレヘムにやって来ます。そこでボアズという親戚の畑で落ち穂拾いをして生活するようになるのですが、誠実に姑に仕えるルツをボアズは妻としてめとることになります。ダビデという王は彼らの子孫です。そしてイエス・キリストもやがて彼らの子孫から生まれることになるのです。

(8)　サムエル記第一、第二

この二つの書物は、士師の時代の終わりからダビデ王の時代までのイスラエルの歴史を記したものです。話は、中心人物である預言者サムエルの誕生から始まります。長じて彼は「さばきつかさ」となり、サウルという人物をイスラエルの最初の王に任命します。しかし、サウルは神の意思に背いたため、見捨てられることになってしまいます。人々の心もサウル王から離れ、家来であったダビデに傾いていきました。サムエル記第一は、ペリシテ軍との戦いでサウル王と王子ヨナタンが戦死したところで終わります。

ダビデはすでにサムエル記第一、一六章で、王となるべく油を注がれています。しかし、実際に王国全体を掌握したのはサウルの死後のことです。サムエル記第二は、まず全イスラエルの王となったダビデの全盛時代を語ります。しかし、やがてダビデ自身の失敗もあって、王位継承をめぐる内紛が起こり、特に三男アブサロムの反乱に際しては、みじめにも都エルサレムから逃げ出さなければならないほどでした。

(9) 列王記第一、第二

サムエル記に続いてイスラエルの歴史をつづるのが、列王記第一、第二です。列王記第一はダビデの死とソロモンの即位に始まり、神殿の建築を含めてその全盛時代を語ります。しかし、ソロモンは晩年に入ると、その繁栄のゆえに心が神から離れてしまいました。そのため王国は、彼の死後、北のイスラエルと南のユダに分裂しました。

南王国ではダビデ王朝が続きますが、北王国では次々と王朝が交替します。紀元前七二一年、イスラエルがまずアッシリアに滅ぼされ、紀元前五八六年にはユダもバビロニアに滅ぼされることになります。

分裂王国時代、北には十九人、南には二十人の王が立てられました。彼らの歴史をつづっているということで、この書に「列王記」という名前がついたのです。

形式的には王が治めていても、神のことばに従うよう民に命じた宗教的な指導者は預言者たちでした。列王記第一に登場するエリヤは代表的な預言者です。列王記第二ではその弟子エリシャが活躍します。預言者たちは神の意思を伝えました。また神に従った王も一部いました。それでも両王国は滅亡を迎えることになりました。

(10)　歴代誌第一、第二

歴代誌を開くと、歴史がふりだしに戻った感じがするでしょう。最初の人アダムから始まる系図が綿々と続くからです。そしてサウル、ダビデの時代、ソロモン、王国の分裂、南王国ユダを中心とする歴史が語られ、ユダの滅亡とバビロン捕囚、ペルシア王キュロスによる帰還命令をもって終わります。

歴代誌は、年代的にはサムエル記と列王記に並行しています。しかし、比べてみると、神殿の建設が中心テーマであることがすぐにわかります。歴代誌第一の後半にダビデ王による神殿の建設の準備、第二の前半にソロモンによる実行が記されています。捕囚から帰って来たユダヤ人に神殿礼拝の回復を促すため、編纂されたものと思われます。

(11)　エズラ記、ネヘミヤ記、エステル記

この三つの書物はいずれも捕囚後の歴史を伝えています。紀元前五三八年、ペルシア王キュロスの勅令によってバビロンからの帰還を許されたユダヤ人たちは、神殿の再建に着手しました。そして十八年間の中断がありましたが、預言者ハガイやゼカリヤに励まされ

て、完成させることができました。それから八十年後、第二次の帰還が実現しますが、その指導者が、祭司であり学者でもあったエズラでした。故国に戻った彼は、周囲の異民族と雑婚し、偶像礼拝に陥っていたユダヤ人に悔い改めを命じ、「宗教改革」を行いました。

この改革を指導したもう一人の人物がネヘミヤです。彼はペルシアの宮廷で仕えていましたが、荒れ果てたエルサレムの城壁を再建するため、おそらくエズラより十数年後に総督として帰還します。妨害をはねのけて短期間で再建を果たした後、エズラとともに宗教改革を断行しました。

一方、エズラの帰還より二十年ほど前、ペルシアの王クセルクセス一世の王妃となったのがエステルでした。ハマンという高官がユダヤ人を滅ぼそうとします。その計画を知ったモルデカイは自分の養女であったエステルに知らせます。彼女はいのちの危険を冒して王に近づき、危ういところで同胞を滅亡から救い出しました。エステル記には「神」ということばが一度も現れませんが、神の不思議な摂理を教えられます。

2 詩歌

(1) ヨブ記

詩文で書かれたドラマであるヨブ記は、「正しい人がどうして苦しみにあうのか」という難問を扱っています。それだけに理解の容易でない書物です。

ヨブは神を恐れる正しい人でしたが、家族や財産を一度に失いました。友人たちは、彼が何か罪を犯したため身にわざわいを招いたと考えて、悔い改めを迫りますが、彼は潔白を主張してゆずりません。しかし、最後に神自身が、偉大な力と知恵をもつ神を認め、その前に無条件でひれ伏すことを求めます。ヨブは自分が苦しんだ理由を知ったわけではありませんが、分を越えて論じていたことを認め、悔い改めます。

(2)　詩篇

百五十篇の詩から成る詩篇は多くの人に愛されてきました。神を信じて生きる者の喜び、感謝、希望とともに、悲しみ、恐れ、迷い、落胆などが真実に吐露されています。そのため三千年という時の隔たりを越えて、現代に生きる私たちの心に響いてくるのです。

詩の多くは、困難に直面して神の助けを求める祈りです。また神とその働きをほめたたえる賛美の詩篇も四十篇ほどあります。王に関する詩篇、キリストについて預言している「メシア詩篇」、悔い改めの詩篇などもあります。こうした詩を思いめぐらすことによって、読む者の心は聖書の神に向けられていきます。

(3) 箴言

箴言は「知恵のことば」です。二行の対句で語られたことわざ・格言集で、その多くが知恵で知られたソロモン王に由来します。

内容は金銭や財産の管理、労働、商売、夫婦関係、子育て、性の純潔、ことばや感情、食欲のコントロール、他人を助けることなど多岐にわたり、特に高慢が戒められ、正直であるよう勧められています。神を信じ恐れる者が日常生活においてどのように生きるか、現代にも通用する実際的な助言を見いだすことができるでしょう。

章の数は三十一ですから、一日一章、一か月で読み終えます。

(4) 伝道者の書

この書もソロモンの作です。「空の空。すべては空。」富、快楽、成功を手にしても結局すべてが無に帰していくという実感は、それらをほしいままにしたソロモンであればこそ語りえたものでしょう。

しかし、私たちが目を留めるべきは、人生を虚無で終わらせないための彼の忠告です。死を直視して生きること、逆境において反省することなどの助言も貴重ですが、特に「あなたの若い日に、あなたの創造者を覚えよ」という結論にこそ耳を傾けなければなりません。

⑸　雅歌

聖書に恋愛の詩があると言ったら、驚くでしょうか。「ソロモンの雅歌」という表題で始まる雅歌は、確かに男女の愛の賛歌と言えるでしょう。私たち人間は男と女とに創造され、互いに愛し合うよう造られました。ですから、生涯にわたる夫婦の愛はすばらしいものです。

しかしまた、神と人の愛の関係を比喩的に描いているものとして雅歌を読むこともできます。そのように読むとき、神の愛の豊かさに驚くことになるでしょう。

3　預言書

⑴　イザヤ書

イザヤは紀元前七四〇年ごろ預言者として立ち、南王国ユダにおいて五十年近くも活動しました。

預言は、腐敗した神の民の罪を責めることに始まり、続いて諸国民に対する神のさばきの宣告があります。バビロン捕囚からの解放と祖国に帰還した民の礼拝を予見して語る四〇章以下は、単にユダヤ人の歴史にだけ関わることでなく、イエス・キリストによる全人類の救い、さらに終末における救いの完成にまで及ぶ重要なメッセージです。五三章に描かれた「苦難のしもべ」は、人類の罪を負うため十字架の苦難を耐え忍んだキリストの姿にみごとに重なります。

(2) エレミヤ書、哀歌

旧約の預言者たちは、神に背く人々が聞きたくないメッセージを語りました。そのために迫害や困難に直面することになりました。中でもエレミヤは「苦難の預言者」と呼ぶことができるでしょう。

彼の活動は紀元前六二七年から五八三年に及びますから、まさしくユダ王国の崩壊に立ち会ったことになります。民の罪を責め、祖国の滅亡を預言する彼のことばは反発を招きました。それで獄につながれていた彼を解放したのはバビロンの王でした。その後も彼は、エジプトに亡命する人々によって無理やりエジプトにまで連れて行かれました。

しかし、彼の預言はさばきばかりではありません。三一章や三三章に記された新しい契約やメシアの到来の教えは希望に満ちたもので、やがてイエス・キリストによって実現することになります。

哀歌は滅亡していくエルサレムを嘆き悲しむ歌で、エレミヤ書の後に置かれていることからもわかるように、伝統的にはエレミヤの作とされてきました。文学類型からすれば、もちろん詩歌に入るべきものです。

(3)　エゼキエル書

エレミヤの活動の後半、ユダがバビロニアに一旦降伏した紀元前五九七年以降に預言者として働き始めたのがエゼキエルです。彼自身、捕囚の身となって異国バビロンに行きました。エルサレムの滅亡が避けがたいことや、バビロンに服するようにというメッセージは、エレミヤと共通しています。また回復のメッセージを語る（三三—三九章）点も同じです。

神自身が羊飼いになるとか、新しい霊、新しい心が与えられるといった約束もまた、イエス・キリストにおいて実現することになりました。

(4)　ダニエル書

ダニエルもまた捕囚の民のひとりでした。王族の出で、しかも聡明であった彼は宮廷に仕えることになりました。バビロンのネブカドネツァル王からペルシアのキュロス王の時代まで、実に七十年近くも異国で活動することになったのです。

彼は王の見た夢を解き明かしたり、王の死を予告したりします。しかし、彼は決して自己保身の人ではありませんでした。大胆にも、王に対して神の前にへりくだるよう求めました。彼とその友人たちは神を第一とし、偶像を拝むことを拒んだため、命の危険にさらされました。しかし、神が彼らを窮地から救い出したのです。

(5)　ホセア書、ヨエル書、アモス書、オバデヤ書、ヨナ書、ミカ書、ナホム書、ハバクク書、ゼパニヤ書、ハガイ書、ゼカリヤ書、マラキ書

旧約聖書の最後に置かれているこれら十二の書物は、一括して「十二預言者」と呼ばれます。分量からして、全部合わせてもイザヤ書より短いこれらの預言書を、私たちもひとまとめに扱いましょう。

ホセアはイザヤと同時代で紀元前八世紀ヤロブアム二世以下、目まぐるしく王や王朝が交替し、結局アッシリアに滅ぼされることになった北王国イスラエルで、その宗教的・道徳的腐敗と戦いました。不信のイスラエルに対して愛を示す神と、姦淫を犯した妻をなおも受け入れるホセア自身が重なります。

ヨエルは前九世紀南王国ユダの預言者であると思われます。いなごの大群による国土の荒廃を神のさばきとみなし、人々に悔い改めを勧めます。また、悔い改める者たちに物質的・霊的な繁栄を約束しています。

アモスは前八世紀前半、ホセアに先立って登場した北王国の預言者です。初めに（ダマスコ、ガザ、ツロなど）諸国民に対するさばきが語られ、イスラエルに対するさばきが続きます。特に金持ちの貴族階級のぜいたくと弱者に対する圧制が糾弾されています。

紀元前九世紀の人と思われるオバデヤは、（死海の南東にあった）エドムという国の高慢を神がさばかれると語りました。

ヨナはアモスより少し前、前八世紀の北王国の預言者です。彼は、アッシリアの首都ニネベに行くよう神に命じられますが、従いません。しかし、乗った船が嵐に遭い、彼は大魚に呑み込まれ、結局はニネベで人々に悔い改めを説くことになりました。その結果、人々は悔い改めるのですが、彼は不機嫌になります。その彼に神は、悔い改めた町をあわれむことの正しさを教えます。

ミカはイザヤと同時代の預言者です。彼はイスラエルとユダ両国の罪に対する神のさばきを語り、終末における神の支配の幻を明らかにします。神が求めていることは儀式や動物のいけにえではなく、誠実であると力説しています。

ナホムは前七世紀の預言者であると思われます。預言のテーマはニネベの滅亡で、いつくしみ深い神が怒ることの恐ろしさが強調されています。

ハバククは前七世紀の終わりごろの預言者でしょう。彼は、ユダ王国に見られる暴虐を神がなぜ放置するのかと問いかけます。神の答えはカルデア（バビロニア）人を用いて罰するというものでした。そしてそのカルデア人もまた、神にさばかれるというのです。

ゼパニヤは前七世紀、ナホムと同時代の人と推定されています。この預言書にはエルサレムに対するさばき、諸国に対するさばきに続いて、終末における救いの約束が喜びとともに語られています。

ハガイ書とゼカリヤ書は捕囚期の、それも同じ時期のものです。前五三九年の第一次帰還で戻った人々は神殿の建設に着手しながら、工事なかばで中断してしまっていました。しかし、ハガイとゼカリヤは彼らを励まし、完成へと導いたのです。

ハガイ書は工事に直接関わる四つのメッセージから成っています。ゼカリヤ書は前半が同時代に関する預言、後半が未来に関する預言です。後者で語られている平和の王としてろばに乗って来るメシアの預言は、やがてイエス・キリストにおいて実現することになります。

旧約聖書最後の書はマラキ書です。時代はさらにくだって前五世紀後半、ネヘミヤと同時代と思われます。神殿が再建されたものの人々の礼拝は形式化し、神へのささげ物や律法が軽んじられ、離婚が増えていました。そこでマラキは悔い改めを迫り、神のさばきを宣告します。神自身が来る日、それは逆らう者にとっては恐ろしい滅びの日であるが、正しい者にとっては「義の太陽が昇る」日であるとされます。その日に先立って、預言者エリヤが派遣されるという約束、これをもって、私たちが手にしている旧約聖書は閉じられるのです。

「聖書は全く初めて」という人には、片仮名の固有名詞がたくさんあって、わかりにくかったかと思いますが、千六百頁を超える旧約聖書の内容を要約すれば、このようなものとなります。

第三章　聖書の内容（二）——新約聖書

新約聖書には二十七の書物があります。文学ジャンルから見れば、歴史書（四つの福音書と使徒の働き）、書簡（宛先が明記されている十三のパウロ書簡と他の人々が書いた八つの公同書簡）、黙示文学（ヨハネの黙示録）の三つに分類できます。しかし、ここではもう少し細かく分類して、福音書、使徒の働き、パウロ書簡、ヘブル人への手紙と公同書簡、ヨハネの黙示録と五つに分けておきましょう。

1　福音書

福音書はイエス・キリストの生涯を書いたもので、四つあります。「生涯」といっても、公に活動した最後の約三年、それも十字架における死と復活をクライマックスとする最後の一週間を中心にして書かれています。

⑴　マタイの福音書

「アブラハムの子、ダビデの子、イエス・キリストの系図」ということばで始まるこの福音書は、明らかに旧約聖書との連続性を意識しています。つまり、これから述べるイエスという人物が旧約聖書に語られていたメシアであることを示そうとしているのです。メシアとは「油注がれた者」の意味で、元来は神に油注がれた王や大祭司を意味していました。そこから転じて、神が終末に派遣する救い主を意味するようになりました。メシアのギリシア語訳がクリストスで、それが日本語ではキリストとなったのです。

そのメシアとしての権威をもってイエスは語ると同時に、病人や身体に障がいのある人を癒やしました。しかし、その教えと活動に対して（律法学者やパリサイ人、サドカイ人、祭司長といった名前で登場してくる）宗教的指導者たちは反発を強めていきます。初めは北のガリラヤ地方を中心に活動していたイエスは、危険を承知のうえでエルサレムに向かいます。都で苦難にあわなければならないと弟子たちに予告までします。

そのことばのとおり、（ユダヤ人がエジプトから解放されたことを記念する）過越《すぎこし》の祭りの日にイエスは捕らえられ、宗教裁判所で神を冒瀆《ぼうとく》する者として死罪の判決を受け、続いて（当時ユダヤを支配していた）ローマの総督ピラトから十字架刑の判決を受けます。こうしてイエスはむごたらしい十字架刑に処せられるのですが、その日から数えて三日目の朝、復活し、弟子たちに姿を現すのです。

こうした話の流れは、福音書、特に最初の三つの福音書（マタイ、マルコ、ルカの福音書）に共通したものです。そのため、それらは「共観福音書」と呼ばれています。

マタイの福音書の特徴は、出来事の報告と教え（説教）が交互に登場することでしょう。最初の教えの部分（五―七章）は「山上の説教」と呼ばれています。「自分の敵を愛しなさい」とか「狭い門から入りなさい」といった有名なことばは、そこにあります。

マタイという人はイエスの十二弟子（使徒）の一人ですが、元は取税人（税金取り立て請負人）でしたから、イエスの教えをメモしておいて後でまとめたのでしょう。

(2) マルコの福音書

マタイの福音書に比べると、マルコの福音書は出来事の報告が多く、イエスの教えはあまり出てきません。同じような表現の繰り返しが多く、素朴な書き方をしています。

マルコは使徒ではありませんが、使徒ペテロの助手として働いていましたから、彼が語ることを記録して福音書にまとめたようです。

(3) ルカの福音書

聖書を書いた人たちの中で、たぶんルカは唯一の異邦人（非ユダヤ人）です。

彼の福音書は、イエスの誕生にまつわるエピソード、それも先駆者であったヨハネという人物の誕生の話から始まっています。また、神の霊である「聖霊」の働きや、女性たち、子どもたち、貧しい人々に関心が向けられています。

多くの人に親しまれてきた「良きサマリア人のたとえ」（一〇章）や「放蕩息子のたとえ」（一五章）もこの福音書に収められています。

⑷　ヨハネの福音書

最初の三つの福音書に比べると、ヨハネの福音書はユニークです。イエスのそばにいることが多かった使徒ヨハネが、他の福音書に欠けている情報や視点を提供しようとしたためでしょう。

まず、イエスの語ることばが、それも共観福音書とは違った内容のものが多く収められていることが特徴的です。七つある奇跡の記事にしても、「カナの婚礼におけるぶどう酒の奇跡」（二章）や「ラザロの蘇生」（一一章）など、六つまでが固有のものです。人間として疲れ、渇き、涙するイエスが描かれると同時に、永遠の存在である神が人となった方であることも明らかにされています。

2　使徒の働き

使徒の働きは、ルカが福音書の続編として書いたものです。復活したイエスが昇天した後、約束どおり聖霊が弟子たちに送られて来て、彼らは聖霊に満たされてイエスのことを語り始めました。教会が誕生し、宣教活動が始まったのです（二章）。

多くのユダヤ人が使徒たちの説教を聞いて信じるようになります。しかしまた、反対する力も強く、まもなくしてステパノという弟子が最初の殉教者となります（七章）。しかし、迫害の先頭に立っていたサウロが回心し、やがて初代教会を代表するような宣教師となりました。一三章以降は、そのサウロ（まもなくパウロという名前に変わります）の三回にわたる伝道旅行と、捕らわれてローマに護送される旅の記録です。イエス・キリストの福音がエルサレムに始まり、ユダヤ、サマリア、シリア、小アジア（現在のトルコ）やマケドニア（現在のギリシア北部）、ギリシアと広がり、ついに帝国の首都ローマにまで及ぶ約三十年の教会の歩みの記録なのです。

ルカは、教会の成長拡大が人間の営みを超えた聖霊の力によるものであることを明らかにしています。

3　パウロ書簡

迫害者から劇的な回心をし、熱心なキリスト教の伝道者になったパウロは多くの手紙を書きましたが、そのうち十三の手紙が聖書として受け入れられてきました。教会宛ての手紙が九通、個人宛ての手紙が四通あります。聖書に収められている順序は、書かれた順ではありません。最初に最も長い三つの手紙が置かれています。

(1)　ローマ人への手紙

パウロがまだ訪れていない教会に宛てているという点で、この手紙は例外的です。しかしそれだけに、より冷静に論理的にキリストの福音の内容を説明しています。ですから、キリスト教信仰の根幹を説いた手紙として、歴史上大きな影響を与えてきました。

前半の八章は教理的な部分で、「救い」とは何かを語ります。すべての人間が神の前に罪人であること、私たちの罪が赦されるためにキリストが死に、よみがえったこと、キリストと一つとされ、聖霊の働きによって罪の力から解放されていくことなどを明らかにしています。後半は九―一一章でユダヤ人の救いの問題が語られ、一二章以下ではクリスチャン生活の諸問題が扱われています。

(2)　コリント人への手紙第一、第二

コリントは、パウロが最も力を入れて伝道したギリシアの商業都市でした。しかし、パウロが去って後、この教会に分派が生じてきたこと、不道徳な生活をやめない者がいたことなどが伝えられてきました。また町の偶像に献げられた肉を食べてよいかどうかという問題、「聖霊の賜物」(特に「異言」と呼ばれているもの)や復活についての疑問なども寄せられてきました。こうした問題に答えるために書いたのが、第一の手紙です。

しかし、問題は容易に解決しません。そのためパウロは自ら赴いたり、さらに手紙を書いたりするなど努力を重ねました。その結果、ようやく事態が好転したのです。その報告が届いたとき、さらにコリント教会が正しい方向に進むようにと書き送ったのが、第二の手紙です。パウロはコリントの人々が悔い改めたことを大いに喜んでいますが、なお悔い改めようとしない少数の人々に対しては厳しい口調で語りかけます。伝道者パウロの個人的な心情が最も豊かに表されている手紙です。

(3)　ガラテヤ人への手紙

パウロ書簡の中でも最も早い時期に書かれたと思われるガラテヤ人への手紙は、論争的です。一回目の伝道旅行で訪れたガラテヤ地方（トルコの南部）の教会に、「割礼」（男性の性器の包皮を切り取る旧約の儀式）を守らなければ救われないとする間違った教えが入り込んでいることを知ったパウロが、それを論駁するために書いたからです。それだけにまた鮮やかに、人の救いが行いによらず、ただ恵みによるもの、キリストを信じる信仰によるものであることが明らかにされています。

(4)　獄中書簡——エペソ人への手紙、ピリピ人への手紙、コロサイ人への手紙、ピレモンへの手紙

続く三つの手紙と、あとのほうに出てくるピレモンへの手紙は「獄中書簡」と呼ばれています。パウロがローマで捕らわれの身であったときに書かれたと思われるからです。

まずエペソ人への手紙は、エペソを中心とする小アジアの諸教会で回覧するよう送られたものと思われます。「キリストのからだ」としての教会の本質が説かれるとともに、教会を構成するキリスト者の個人のあり方、人との関係、「霊の戦い」などが教えられています。

次のピリピ人への手紙は、「喜び」「喜びなさい」といったことばが繰り返されるため、

「喜びの手紙」と呼ばれています。獄中にあり、処刑される可能性もありながら、また「異端」や教会内の不一致といった問題に心を悩ませながら、キリストにある喜びに満ちあふれてパウロは書いているのです。キリスト自身がそうであったように、キリスト者の喜びの源が、他の人々のために生きることから来るものであることがよくわかります。

コロサイ人への手紙は小アジアの内陸の町コロサイの教会に宛てたもので、エペソ人への手紙と似ています。特に後半のキリスト者の実際生活に関する教えは、重なる部分がかなりあります。しかし、キリストが教会のかしらであるだけでなく、万物を統括する方であるとしている点や、またグノーシス主義（やがて古代の教会を悩ますことになる異端）のはしりと思われる教えとの闘いがすでに始まっていることを示している点でも、独自のものです。

短いピレモンへの手紙は、テトスへの手紙のあとに置かれていますが、「獄中書簡」の一つです。コロサイ教会のリーダー、ピレモンのもとから逃亡した奴隷オネシモが、不思議な導きでパウロと出会い、クリスチャンになりました。主人のもとに戻ろうとしている彼に持たせたこの手紙を読むと、当時は当たり前の奴隷制度を実質的に崩していくような、キリストにある愛の交わりが彼らのうちにあったことがわかります。

(5)　テサロニケ人への手紙第一、第二

この二つの手紙は、パウロが二回目の伝道旅行で訪れたマケドニアの都市テサロニケの教会に宛てたもので、比較的初期のものです。回心して間もない異邦人にクリスチャンとしていかに生きるかを説いていますが、最も特徴的な部分は終末に関する教えでしょう。第一の手紙は、間もなくキリストが再臨するのであれば働く必要はないという誤解を解き、再臨前に死んだ家族に関する疑問に答えています（四章後半）。また第二の手紙は、終末において背教や「不法の者」の出現があることを教えています（二章）。

(6)　牧会書簡――テモテへの手紙第一、第二、テトスへの手紙

以下の三つの手紙は、パウロの弟子で教会の牧会にあたっていたテモテやテトスに、牧会者としての具休的な指示を与えているところから、「牧会書簡」と呼ばれてきました。

テモテは、二回目の伝道旅行の途中からパウロに従うようになった若者でした。パウロは自分の息子のようにして彼を育て、彼はやがてエペソの教会で牧会するようになりました。その教会で違った教えを説く者、背教者が現れたことに対し、また（監督、執事といった）教会の役員の資格や、教会との関係、金銭その他の問題について、テモテへの手紙第一では指示を与えています。またテモテへの手紙第二は、殉教する前に書いた最後の手

紙で、テモテ自身に注意や励ましを与えたり、個人的な用件を依頼したりしています。テトスもまたパウロの伝道旅行に同行し、助手として働いた有能な伝道者でしたが、パウロの晩年にはクレタ島の教会で働いていました。テトスへの手紙の内容はかなりテモテへの手紙第一と共通していますが、長老の資格、様々な人との接し方などが記されている点が特徴的です。

4 ヘブル人への手紙と公同書簡——ヤコブの手紙、ペテロの手紙第一、第二、ヨハネの手紙第一、第二、第三、ユダの手紙

以下の手紙はパウロの手紙と違って、宛て先が語られていなかったり、語られてはいても明瞭でなかったりしているために、「公同書簡」と呼ばれています。

ヘブル人への手紙は、古代教会でパウロ書簡集に入れられていたこともあったので、「公同書簡」に入れられなかったのですが、宛て先が限定されていないので、ここで紹介しましょう。今では作者不詳とされているこの手紙は、ユダヤ教との比較においてキリストによる救いを説明している点で、とても重要です。特に私たちの大祭司として救いを完成し、今も天において神と人との間に立って仲介していてくださるキリストの存在をこの

手紙から教えられるとき、クリスチャンは大いに力づけられます。

　山上の説教とも共通点をもつヤコブの手紙は、イエスの弟ヤコブ（復活したイエスに出会って回心し、エルサレム教会の柱となった人物）の手になるもので、実際的な勧めに満ちています。特に信仰だけで救われるという教えを誤解して、いい加減に生きている「信仰者」に、行いの伴わない信仰の空しさを説いている点（二章）が有名です。

　いつの時代の教会も迫害や困難に直面してきましたが、ペテロの手紙第一はそのようなクリスチャンを励ますために記されたものです。神を恐れ、互いに愛し合い、クリスチャンが少ない社会にあっても誠実に生きるようペテロは勧めます。また特に、私たちの救いのために苦難をしのんだキリストの模範に目を留めるよう説いています。

　ペテロが殉教する少し前（六〇年代なかば）に書かれたと思われるペテロの手紙第二の内容は、人を滅亡に導く偽教師を退け、新しい天と地を造り出す神の約束を待ち望むよう励ますものです。

　使徒ヨハネの書いた三通の手紙もまた、異端に対処することを目的としています。ヨハネの手紙第一で取り上げられている異端は、イエスがメシア（キリスト）であることを否定したり、キリストが現実に肉体をもって生きたことを否定したりするもので、（一般的にキリストが真に人間となったことを否定する）グノーシス主義の一派であったと思われます。ヨハネは、そのような教えに惑わされることなく、神の子としてきよく、また互いに愛し合いながら生きるよう励ましています。

第二の手紙は同様に、互いに愛し合うことと「反キリスト」を警戒するようにという勧めです。第三の手紙ではガイオ、ディオテレペスという個人名が挙げられ、前者に対する称賛と後者に対する非難が記されています。

ユダの手紙はペテロの手紙第二と似ていて、教えが間違っているだけでなく放縦な生活もしている異端に惑わされずに生きるよう勧めています。

5　ヨハネの黙示録

新約聖書最後の書としてふさわしく、ヨハネの黙示録は終末の問題を扱っています。

使徒ヨハネはパトモスという島に流されていましたが、そこで幻を見ました。まず、栄光に満ちたキリストから小アジアの七つの教会に手紙を送るよう命じられます（二―三章）。そのあとは天上に移され、苦難にあいながら最終的に勝利していく神の民の姿を見せられます。

紀元一世紀の末、ローマ帝国による迫害に苦しんでいた教会に励ましを与えるために記されたこの書は、同時に終末について預言的に語る書でもあります。ですから、幻は、悪魔の完全な敗北と滅亡、新しい天地や新しいエルサレムの出現（二〇—二一章）まで続きます。そしてキリストが再び到来するのを待ち望むことばで終わるのです。

第四章　聖書の中心テーマ

以上、聖書の各書の内容を簡単に紹介してきましたが、このような様々な内容をもった六十六の書物から聖書はできあがっているのです。しかし、そこには一貫したテーマがあります。

第一に、天地万物を創造した人格的な神、愛と義の神が存在し、一切のものを究極的に支配しているということ。

第二に、その神のかたちに創造された人間は、神に背き、罪を犯すようになったということ。

第三に、その人間を救うために、神はまずアブラハムを選び、彼の子孫を神の民として用意したこと、そしてその民の一人として神の「ひとり子」イエスが生まれ、メシア＝キリストとして人類を救う計画を実現したということ。

第四に、「神の民」、聖霊の働きによってキリストを信じるようになった者たちは、教会を形づくり、神のみこころにしたがって生きることを通し、この世界で神の栄光を現すよう期待されていること。

第五に、救いは終末においてキリストが再び来ることによって、最終的に完成すること。

これまで見てきた各書の内容は、この五つのポイントのどれかに関係していると言えるでしょう。

第五章　神のことばである聖書

これまで見てきたように、聖書は歴史的な書物です。古い文書は今から三千数百年も前に書かれています。聖書には天地創造に始まるイスラエル民族の歴史、そして彼らの中から出てきた救い主イエス・キリストのことが記されています。多くの歴史的叙述があり、詩や知恵のことばにしても歴史の中から生まれたものです。聖書は、「天から降ってきた」文書ではなく、だれかがある歴史的な状況で書いたものなのです。そして多くの場合（第二章と第三章で記したように）、だれがいつごろ書いたのかだいたいわかっています。

それでは、聖書は古代の歴史文書にすぎないかといえば、そうではありません。聖書の著者は神です。神自身が聖書に収められた諸文書を生み出しました。聖書は神のことばなのです。

1　神の霊感によって生まれた聖書

テモテへの手紙第二、三章一六節に、「聖書はすべて神の霊感によるもので、教えと戒めと矯正と義の訓練のために有益です」とあります。聖書はその全体が、神の霊感によるものなのです。神の霊（御霊［みたま］、聖霊［せいれい］）が生み出したもの、神が人間に働いて書かせた書物だということです。

「霊感」というと、中には、「霊感、山勘、第六感」などと言われるような、理屈を超えた人間の直感のようなものを思い浮かべる人がいるかもしれませんが、聖書の霊感はそれと違います。ここでいう霊感はあくまでも神の霊の働きのことで、人間の「霊感」ではないのです。

神の霊感については別の誤解もあります。つまり、神の霊が人に乗り移って恍惚状態となり、手がいつのまにか動いて気がついたら「神の託宣」を書いていたというふうに考えることです。これも違います。聖書の各文書にはそれぞれ書いた人の独自の人格、個性が表れています。確かに彼らは神に導かれて書きました。しかし神は、彼らが自分の能力、関心などを用いるよう導いたのです。彼らの性格が反映するよう導いたのです。その意味で聖書は人のことばでありつつ、しかも神のことばなのです。
ところで人間には限界があります。人間は誤りから完全に自由になることはできません。そこで、聖書が人によって書かれたとすれば、聖書にもいろいろな勘違いや誤りが含まれると考えるべきでしょうか。

よく聞かれる質問に、聖書と近代科学の問題があります。これは、この小さな入門的な本では論じきれない大きな問題です。しかし、とりあえずは次のように申し上げればよいのではないかと思います。

聖書は近代科学が成立する以前に書かれた文書ですから、科学の目をもって見たら「不十分」と思える記述もあるでしょう。しかし、もし近代科学の知識を前提にしたような書き方をするなら、古代の人々には理解不能となっていたわけで、それをもって聖書に欠陥や不備があると言うことはできないでしょう。ある種の制約があるということはできても、それで聖書を時代遅れときめつけたり、間違いがあるとしたりする必要はありません。

また私たちが聖書を読むとき、食い違いと見えるような箇所にでくわすこともあります。たとえば、複数の福音書にある同じ出来事の報告を比べて読むと、詳細が結構違うことに気づきます。しかし、それは同じ事件を違った視点から報告しているためであって、むしろ真相に立体的に迫ることができる点でプラスになるのです。また明らかに矛盾しているように見えるところがあったとしても、聖書が生まれた時代の文化や言語を私たちがすべて知っているわけでないことを覚えて、謙虚に研究を積み重ねていくことが必要です。

聖書が神の生み出された書物であるとすれば、神がそこに誤りが入り込むことのないよう守られたと考えることができます。それは神が真理の神であり、私たちを欺いたり、誤りに導いたりすることのない方だからです。私たちは、神自身に関して、神と私たち人間の関係について、全面的に信頼できる情報を聖書から得ることができます。そのような意味で聖書は神のことばであり、私たちは聖書を信頼して読むことができるのです。

2　聖書を読む者に働く聖霊

しかし、聖書が神のことばであるということを、だれもがすぐに認めるわけではありません。むしろ聖書を開いて読み進むうちに、わかってくるものです。それは、聖書を読む私たちの内に聖霊が働いて、わからせてくれるからです。聖霊に導かれて、私たちは聖書を「神のことば」として受け入れるようになるのです。

聖書の著者は神ですから、神の御霊が私たちの心の内に光を与えてくれなければ、本当に理解することはできません。積極的な言い方をするなら、著者自身が教えてくれるなら、聖書が私たちに伝えようとしている真理を確かにつかむことができるということです。とにかく聖書を真に読むためには聖霊の助けが必要です。

私たちは聖霊に助けられて聖書を理解し、うなずきをもって受け取るようになって初めて、聖書が神のことばであることを実感します。ですから、聖書が神のことばであることは、人間の理性が証明することというより、神の御霊によって納得させられることなのです。そして私たちは、聖書が神のことばであると信じるようになります。つまり、聖書が神のことばであるということは信仰の問題なのです。

もしあなたが素敵な女性から（あるいは男性から）愛を打ち明けられたら、あなたはどうしますか。そのことばが真実であるとどのようにしてわかるのでしょう。その人とお付き合いをしていくなかで、その人の心の思いが自分の心に伝わり、愛してくれていることが納得できるのでしょう（もちろん、恋は私たちの目を閉ざしますから、冷静に見極めることができず、判断が間違うこともあるでしょうが）。そして相手を信頼する決心をするのでしょう。

聖書と私たちの関係にも同じようなところがあります。私たちが聖書とお付き合いしていくうちに（読み進むうちに）、聖書が真実であるということがわかってきます。それは聖霊が私たちの心に働いて、聖書が神のことばであることをわからせてくれるということでもあります。それで聖書を信頼して、さらに読み進むことになるのです。ですから、人間の理性で「聖書は神のことばである」と納得して読み始めるわけではありません。読んでいくうちにわかってくるのです。

こうしたことをわきまえたうえで、いくつか述べておきたいことがあります。それは聖書に関する不思議な事実です。確かに聖書は神のことばだと思わせられる事実があるので、それを記しておきましょう。これはちょうどお見合いをする男女に、相手のことを紹介するようなものです。あなた自身が納得しなければ、心からの信頼に進むことはできませんが、聖書のすばらしさを知っていただく助けになればと思い、書くことにします。

3　聖書に関する驚くべき事実

聖書が確かに神のことばであることを指し示すような事実がいくつかあります。

(1)　世界で最も多くの言語に訳されてきた書物

聖書はどれくらいのことばに翻訳されていると思いますか。二〇二二年の統計によれば、聖書全体が訳されている言語は七二四に上ります。このほかに、新約聖書全体の翻訳が完了している言語が一六一七、少なくとも一部が翻訳されている言語が一二四八あります。これらを合計すると、その数は何と三五八九言語となります。世界の言語数は約七四〇〇と言われますから、半数近くに及びます。人口比で言えば、世界人口、約八〇億人のうち、五人に四人は自分の母国語で、少なくとも聖書の一部を読むことができるのです。

そのうえ、翻訳の作業は現在も急ピッチに進んでいます。数万人しか用いる人がいない「少数民族」の言語にまで聖書を翻訳するため、ジャングルに入り、辞書も文法書もない言語を習得、聖書を翻訳するとともに、あわせて辞書や文法書を作る。そのようなことに生涯をささげた宣教師たちが大勢いて（彼らを支援する技術者や医師、パイロットまで含めればたいへんな数になります）、今も急ピッチで翻訳を進めています。こうした働きには日本からも数十人の人々が加わり、フィリピン、パプアニューギニア、インドネシアなどの国々で翻訳に取り組んできました。

いったいこのような書物がほかにあるでしょうか。

(2) 世界で最も多く出版されてきた書物

聖書は世界で最も多く出版されてきた書物です。よく「聖書は永遠のベストセラー」と言われますが、決して誇張ではありません。二〇二二年、世界で三五五〇万冊の聖書が頒布されました。これは旧約と新約の全体を納めた合本だけの数ですから、これに新約聖書だけの版、分冊、選集を含めると数億になるでしょう。

クリスチャン人口が一パーセントに及ばない日本でさえ、毎年十万冊を優に超え、新約だけの版や分冊など合わせると、かなりの数に上ります。聖書を購入しながら「積ん読」になっているケースもあるでしょう。それでもこれだけ多くの聖書が毎年人々の手に渡っていることは驚きです。これまでの歴史においてしばしば聖書は拒絶され、権力によって抹殺されそうになりました。

たとえば、紀元三〇三年、ローマ皇帝ディオクレティアヌスが、帝国内の聖書をすべて焼き捨てるよう勅令を出したことは有名です。キリスト教の歴史の最初の三百年は迫害の連続で、聖書を保持していること自体、いのちがけのことでした。

また十八世紀の啓蒙思想家ヴォルテールは、「百年以内に聖書はこの世界から消えてなくなる」と「予言」したそうです。その時代の知識人の間では、そう断定できるような雰囲気があったのでしょう。聖書はもはや時代遅れで、早晩捨てられる運命にあると思われていたのでしょう。

もっと時代を降って最近のこととしては、ソビエト連邦や中国といった共産主義国家におけるキリスト教に対する圧迫もあります。特にスターリンのソビエト、文化大革命の中国ではひどかったようです。

このような事実を思うと、二十一世紀の今、これほどまで流布していることは不思議なことです。数千万単位の頒布がなされていても、まだ聖書は足りないくらいなのですから、本当に驚きです。こうした事実だけでも、聖書がいかに特別な書物であるかがわかるでしょう。

(3) 聖書の統一性

前の二つの章で聖書の内容を紹介しましたが、聖書を書いた人々がたくさんいたことが理解していただけたでしょうか。実際、約四十人の人々が、聖書に収められた文書を書いています。

それも、ある時代、ある地域にまとまって書いたのではありません。時間的には約千六百年の幅があります。旧約聖書のうち最も古い文書は紀元前千数百年ごろに書かれ、最も新しい新約聖書のヨハネの黙示録は紀元一世紀の終わりごろ書かれたと思われるからです。空間的にもずいぶんと散っています。パレスチナで誕生した書物が多いのは当然ですが、ダニエル書やエステル記は今のイランで誕生しましたし、パウロの手紙のうち何通かはローマで書かれました。

さらに聖書を書いた人々の背景もまちまちです。彼らは、神によって立てられた指導者、王や預言者、使徒たちやその周辺の人々ですが、実に様々な背景をもっています。詩篇の詩の多くを書いたダビデ王はもともと羊飼いでした。ヨシュアは軍人、エズラは学者、ネヘミヤは王の献酌官《けんしゃくかん》、エレミヤやエゼキエルは祭司で、ダニエルは高級官吏でした。福音書を書いたマタイは取税人、ルカは医者、ヨハネは漁師でした。パウロはユダヤ教の教師（ラビ）となる訓練を受けた人でした。

このような多様性にもかかわらず、聖書には一貫した主題があります。それは天地万物を創造した神を信じて生きることです。またその神が遣わしたイエス・キリストによる救いです。もちろん、それぞれの書物に特徴があり、強調点の違いがありますが、その多様な書物が全体として、神のみこころを明らかにしているのです。

(4)　歴史における聖書の預言の成就

聖書が神のことばであるという主張にうなずきを覚える理由の一つは、聖書に書かれた預言が成就してきた事実です。それも決して「ノストラダムスの予言」のように曖昧で、どうにでも受け取れる預言の成就はありません。もっと明瞭な形で聖書に予告されていたことが起こったのです。

中でも特筆すべきは、ユダヤ人の歴史そのものでしょう。旧約聖書には彼らが全世界に散らされ、そこで並々ならぬ苦難にあうことが語られています。

たとえば、申命記二八章六四―六六節には次のように記されています。

「主は地の果てから果てまでのあらゆる民の間にあなたを散らす。……これら異邦の民の間にあって、あなたは一息つくこともできず、足の裏を休める場もない。主は、そこで、あなたの心を不安にし、目を衰えさせ、たましいを弱らせる。あなたのいのちは危険にさらされ、あなたは夜も昼もおののき、自分が生きることさえ、おぼつかなくなる。」

またエレミヤ書九章一六節では、神がこう語っています。「(わたしは)彼らも先祖も知らなかった国々に彼らを散らし、剣を彼らのうしろに送り、ついに彼らを絶ち滅ぼす」とあります。

こうした苦難はある程度まで旧約の時代に成就したと言えるでしょう。国が滅び、彼らはアッシリアやバビロニアに連れて行かれ、苦難にあいました。しかし、文字どおり世界中に散らされるようになったのは、もっと後のことです。また民族滅亡の瀬戸際まで追いつめられる経験をしたのは、第二次世界大戦時のナチスによるユダヤ人絶滅計画が実行に移された時です。実際六百万ものユダヤ人がヨーロッパ各地で殺されました。

しかし、幸いなことに、ユダヤ人に関する預言は苦難で終わりません。祖国への帰還と回復が約束されています。その代表的なものはエレミヤ書三一章でしょう。そこから少し抜粋してみましょう。

「主はこう言われる。
『剣を免れて生き残った民は
荒野で恵みを見出す。
イスラエルよ、出て行って休みを得よ。』」（二節）
「おとめイスラエルよ。
再びわたしはあなたを建て直し、
あなたは建て直される。
再びあなたはタンバリンで身を飾り、
喜び踊る者たちの輪に入る。

再びあなたはサマリアの山々に
ぶどう畑を作り、
植える者たちは植え、
その初物を味わう。」(四―五節)
「見よ。わたしは彼らを北の国から連れ出し、
地の果てから彼らを集める。……
彼らは大集団をなして、ここに帰る。
彼らは泣きながらやって来る。
わたしは彼らを、慰めながら連れ戻る。」(八―九節)

絶滅の淵にあったユダヤ人にこのことが起こりました。一九四八年のことです。死にかかっていた彼らが、何と千九百年ぶりに国を再建したのです。アウシュヴィッツをはじめとする死の収容所で「剣を免れて生き残った」者たちが帰って来ました。彼らは「泣きながら」帰って来たのです。

国が滅亡して数百年間離散すれば、民族としてのアイデンティティー(自己同一性)を保つことはできず、消滅は避けられないといいます。とすれば、二千年近い時が経ちなが

らユダヤ人が自分たちの国家を再建したことは、まさしく「奇跡」です。しかし、その「奇跡」の背後にはこのような預言があったのです。神は聖書に記されているとおり彼らを回復し、帰還に導きました。そして今もその帰還が続いているのです。

この事実だけでも、聖書が神のことばであることを雄弁に物語っているのではないでしょうか。

(5) イエス・キリストにおける預言の成就

しかし、もう一つ預言の成就を見なければなりません。私たちにとってはこのほうが重要であると言えるでしょう。それは、イエス・キリストにおける預言の実現（成就）です。確かに、イエス・キリストの生涯は、その全体が旧約聖書の預言の成就と見ることができます。

「見よ、処女が身ごもっている。そして男の子を産み、その名をインマヌエルと呼ぶ」とイザヤ書七章一四節にあるように、イエスは処女マリアから誕生しました。ミカ書五章二節に、「ベツレヘム・エフラテよ。……あなたから、わたしのために イスラエルの支配者になる者が出る」とあるように、誕生の地はベツレヘムでした。

またイエス・キリストは、「シオンの娘よ、大いに喜べ。エルサレムの娘よ、喜び叫べ。

見よ、あなたの王があなたのところに来る。義なる者で、勝利を得、柔和な者で、雌ろばの子である、ろばに乗って」とあるように（ゼカリヤ書九章九節）、子ろばの背にまたがって「平和の王」としてエルサレムに入城しました。

しかし、何といっても印象的なのは、イザヤ書五三章に記された「苦難のしもべ」の姿です。その一部を見てみましょう。

「私たちの聞いたことを、だれが信じたか。
主の御腕はだれに現れたか。……
彼には見るべき姿も輝きもなく、
私たちが慕うような見栄えもない。
彼は蔑まれ、人々からのけ者にされ、
悲しみの人で、病を知っていた。……
まことに、彼は私たちの病を負い、
私たちの痛みを担った。
それなのに、私たちは思った。
神に罰せられ、打たれ、苦しめられたのだと。

しかし、彼は私たちの背きのために刺され、
私たちの咎のために砕かれたのだ。
彼への懲らしめが私たちに平安をもたらし、
その打ち傷のゆえに、私たちは癒やされた。
私たちはみな、羊のようにさまよい、
それぞれ自分勝手な道に向かって行った。
しかし、**主**は私たちのすべての咎を
彼に負わせた。
彼は痛めつけられ、苦しんだ。
だが、口を開かない。
屠り場に引かれて行く羊のように、
毛を刈る者の前で黙っている雌羊のように、
彼は口を開かない。
虐げとさばきによって、彼は取り去られた。
彼の時代の者で、だれが思ったことか。
彼が私の民の背きのゆえに打たれ、

生ける者の地から絶たれたのだと。……
しかし、彼を砕いて病を負わせることは
主のみこころであった。
彼が自分のいのちを
代償のささげ物とするなら、
末長く子孫を見ることができ、
主のみこころは彼によって成し遂げられる。……
わたしの正しいしもべは、
その知識によって多くの人を義とし、
彼らの咎を負う。……」

今から二千年前、キリストは十字架で死にました。それは惨めな敗北者の死でした。むち打たれ、つばきをかけられ、人々に嘲笑されながら死んでいきました。だれもそのような彼が救い主だとは思わなかったでしょう。しかし、その苦難において、イエス・キリストは私たちの罪を負い、私たちが受けなければならない苦しみを受けてくださったと聖書は教えています。神が、私たちを愛して、私たちの罪を赦すために、「神の御子」であるキリストにすべての罪を負わせた、それが十字架だったのです。この驚くべき出来事を、イザヤは七百年も前に預言していたのです。

聖書は確かに神のことばです。

それにしても、神はなぜ聖書という書物を私たちに与えたのでしょうか。私たちの心に直接語りかけることもできたのではないでしょうか。確かにそうかもしれません。しかし、私たちの心は（聖書によれば）、理性においても感情においても罪によって腐敗していますから、神について勝手に考えたり、感じたりするかもしれません。それに（これもまた聖書によれば）、聖霊ならぬ悪魔や悪霊がいて私たちを惑わしますから、とんでもない過ちに陥るかもしれないのです。

そこで神は、より確かな方法、より客観的な方法で自身を現しました。つまり、客観的なことばを用いて自身を啓示したのです。それが聖書なのです。

第六章　聖書の読み方

最後に聖書をどのように読むか、お知らせしたいと思います。「方法など問題ではない。とにかく読むことだ」という考え方もあるかと思いますが、オリエンテーションがないよりはあったほうが良いでしょう。

聖書を読み始めると、いろいろな疑問も出てくるものです。教会に通いながら聖書を読んでいく人なら、先輩のクリスチャンに質問できます。私も質問に答えるつもりで、この最後の章を記したいと思います。

1　聖書を読む必要性

方法そのものを語る前に、聖書を読むことがどうして必要なのかをまとめておきましょう。

第一に、言うまでもないことですが、神ご自身を本当に知るために、どうしても聖書を読む必要があります。

前の章の最後に述べたように、私たちは神についてどうしても自分勝手に考えてしまうのです。聖書を読んでいくなら、（完全ではないにしても）大きな間違いを避けることができます。神ご自身のことがわかってきます。ですから、どうぞ期待をもって聖書を読み進んでいただきたいと思います。

第二に、聖書は私たちを救いに導いてくれます。

テモテへの手紙第二、三章一五節には、「聖書はあなたに知恵を与えて、キリスト・イエスに対する信仰による救いを受けさせることができます」と書かれています。聖書を読み進むうちに、自分が「救い」を必要としていることに気づきます。そしてその「救い」がまさしくイエス・キリストによって与えられていることがわかってくるのです。

第三に、聖書は救われた者を成長させます。

ペテロの手紙第一、二章二節でペテロは、クリスチャンに向かって「生まれたばかりの乳飲み子のように、純粋な、霊の乳を慕い求めなさい。それによって成長し、救いを得るためです」と言っています。いろいろな面で罪深い私たちは、救われても、一晩で変わるわけではありません。成長する必要があります。聖書を読んでいくうちに自分が探られたり、罪を示されたり、神の愛がよりよくわかったりします。そして救いをさらに豊かに経験するようになるのです。

それでは、どのように聖書を読んでいったらよいのでしょうか。まず一般的な心構えから始めましょう。

2 聖書を学ぶ七つの心構え

まず時間を取ってください。当たり前のことですが、案外容易ではないので申し上げるのです。しなければならないこと、したいことがたくさんあるかもしれませんが、時間を優先的に取ってください。人生の最も重要な問題を解くためですから、最優先してもよいことだと思います。

できれば時間を決めるとよいでしょう。「毎晩十時から三十分間」などと決めるのです。でもどちらかといえば、朝読むことをお勧めします。さわやかな朝、聖書に向かい、「神の声」を聞いて一日を始められたら最高です。実際そうしているクリスチャンは多いと思います。

第二に、へりくだって神の助け、聖霊の助けを求めることです。

「主よ あなたの道を私に知らせ
あなたの進む道を私に教えてください。
あなたの真理に私を導き 私を教えてください。」

これは、詩篇二五篇四―五節にあることばです。このような気持ち、祈る思いで心を静め、読み始めてください。もし心にかかっていることがあって気持ちが落ち着かないなら、そのことも正直に祈ることです。

もちろん、これから聖書を読み始める人は、「信じているわけでもない神に祈るなんて」と思うでしょう。しかし、半信半疑でもよいのです。「神様、あなたが存在しているのかどうかも、私にはわかりません。でも、もしあなたが本当にいるのなら教えてください。」そんな祈りでもよいのです。とにかくへりくだって、祈りの心で聖書を読むことが大切です。

第三に、わかることから吸収していくことです。

どこから読むにしても、わからないことが出てくるでしょう。わからないことだらけかもしれません。どうぞがっかりしないでください。あなただけではないのです。昔の書物で文化も違います。片仮名の名前ばかりです。無理もありません。

ですから、全部わかろうと思わないでください。とにかく読み進んでいくことです。読んでいくうちに、繰り返し読むうちにわかってくるものがあるでしょう。それを心に留めてください。心に響いてきたものがあるなら、それを大事にしてください。

第四に、計画的に読むことです。

気の向くまま、行き当たりばったりに読む人もいますが、それよりは順を追って読むことをお勧めします。もちろん必ず旧約から読まないといけない、ということではありません。新約から始めるにしてもマタイの福音書からでなければ、あとがわからなくなるというものでもありません。でも、マタイの福音書を少しかじったところで中断、マルコに飛び、それも終わらないうちにヨハネの黙示録に、などということはしないで、読み始めた書は終わりまで読み通してみてください。

順に読んでいくなら、旧約三章、新約一章を読むと、だいたい一年で聖書全巻を終えることができます。

第五に、ただ読むだけでなく、ノートをとりながら読んでください。

簡単なメモでも結構です。日記に一、二行記すのもよいでしょう。教えられたこと、考えたこと、気に入った聖句《せいく》、そのほか何でも気づいたことを記しておくと、貴重な記録になります。

第六に、繰り返し読むことです。

「読書百遍、意おのずから通ず」という格言は聖書にも当てはまります。何回も同じ箇所を読むと、わかってくるものがあります。最初気づかなかったことが浮かび上がってきます。

七番目、最後に、聖書のことばを暗記することをお勧めします。

保守的なユダヤ人は今でも創世記から申命記まで、「トーラー（律法）」と呼ばれる部分を暗記します。私たちの間ではそこまでする人はあまりいませんが、断片的な暗記はします。

「私はあなたのみことばを心に蓄えます。あなたの前に罪ある者とならないために」（詩篇一一九篇一一節）とあるように、聖書のことばを心に刻むことによって、私たちの心が変えられていきます。気に入ったことば、教えられたことばをぜひ暗記してください。ときどき思い出したり、思いめぐらしたりすると、たいへん力になります。

3　聖書を理解する四つのルール

「心構え」の次は「ルール」です。聖書を正しく解釈するには一定のルールがあるのです。

(1)　常識的に理解する

聖書を読むときには、まず「自然な」意味を考えてみてください。一番常識的な意味を考え、別の取り方をする理由がなければ、その常識的な意味が正しい解釈ということになります。

以前『聖書の暗号』というタイトルの本が翻訳され、注目を集めていましたが、聖書は決して暗号ではありません。神秘的な言語で記されているわけでもありません。

ただし、比喩的な表現は聖書にたくさんあります。「〜のようだ」とあれば、すぐに比喩とわかります。そうでないことも結構ありますが、だいたいは常識でわかります。「神こそ　わが岩」（詩篇六二篇二節）とあっても、文字どおりの岩だと思う人はいないでしょう。岩のように堅固で安心して身をゆだねることができるという意味だと、常識的に理解できます。

また、「御子イエスの血がすべての罪から私たちをきよめてくださいます」（ヨハネの手紙第一、一章七節）とあれば、キリストが十字架で血を流されたことによって、私たちの罪が赦され、罪のないものとして神の前に立つことができる幸いを語っているのだろうと、見当がつきます。

このように常識を働かせて読んでいけばよいのです。

(2) 文脈にそって考える

他の書物もそうでしょうが、聖書は特に文脈に則して読むことが大切です。そうでないと、気に入ったことば、都合の良いことばを文脈に関係なくあちこちから引っ張ってきて、「これが神のみこころです」として、自分も他人も迷わすことになりかねません。

マタイの福音書二七章五節に、「(ユダは) 出て行って首をつった」とあります。またルカの福音書一〇章三七節に、「あなたも行って、同じようにしなさい」と書かれています。これらのことばを、文脈を無視して結びつけると、私たちも首をつることになります。笑い話のようですが、文脈を無視すると「何でもあり」となるのです。

もう一つ例を挙げましょう。「エホバの証人」というグループがあります。家々を訪問して「聖書を学びませんか」と誘っていますが、彼らの「聖書研究」は、彼ら独特の教えにそって学ぶもので、そのため平気で文脈を無視します。その教えにはまってしまうと、「マインド・コントロール」され、常識的な判断ができなくなります。

たとえば、ヨハネの福音書一章一八節に、「いまだかつて神を見た者はいない」とありますが、以前に「エホバの証人」はこのことばから、「イエスは神ではない」と論じていました。神は目に見えない。イエスは一人の人間として目に見える。だからイエスは神ではないという三段論法です。ところがこの箇所は「エホバの証人」の主張とは正反対のことを教えようとしているのです。その節の後半には、「父のふところにおられるひとり子の神が、神を説き明かされたのである」とあります。そこで一章一八節全体は、神を見た者はいないが、その目に見えない神を見えるよう、私たち人間に示してくださったのが「ひとり子の神」キリストだと言っていることになります。これは、文脈を無視すれば正反対の教えまで生まれてしまう格好の例です。ですから、文脈に則した理解は重要なのです。

(3) 全体の教えに照らして考える

これから聖書を読み始める人に、「全体の教えに照らして」などと申し上げるのは適当でないかもしれません。でも、この原則も覚えておくとよいでしょう。

とにかく私たちは自分に都合の良い教え、気に入った箇所だけを読んでいきやすいのです。そして全体から見ればアンバランスな考え方をしてしまいます。ですから、全体に照らして個々の意味を考える必要があるのです。この原則は、「聖書によって聖書を解釈する」と言い換えてもよいでしょう。

例を挙げましょう。マタイの福音書五章三九節に、「悪い者に手向かってはいけません。あなたの右の頰を打つような者には左の頰も向けなさい」というキリストのことばがあります。あなたは、「こんなことできるはずがない。こんなことを教えるキリスト教は偽善だ」と思いますか。また、これでは犯罪者を逮捕したり、処罰したりすることもできないのではないかと考えるでしょうか。

聖書は神が正義の神であると繰り返し教えています。預言者たちは、悪の存在を嘆き、悪を処罰することを求めています。ですから、犯罪者を処罰することは必要です。「悪い者に手向かうな」というキリストの命令は、三八節に記されているような、「目には目を、歯には歯を」という仕返し、復讐心からの解放を教えているのです。聖書全体は正義を要求していますが、同時に個人的な復讐心は戒めているということです。それからまた、聖書は私たちの心を変えようとする神の御霊の働きを教えています。そこで「実行不可能」と見えるキリストのことばも、神が私たちの心に働いてくださるなら可能となることがわかります。

このように聖書をもって聖書を理解するなら、一見非現実的な命令も正しく受けとめることができます。読んでいて曖昧な箇所があれば、明瞭に語っている箇所と照らし合わせて読むのです。矛盾しているように見える二つの教えがあれば、どちらか一方を切り捨てるのではなく、二つが両立できるような道を探るのです。聖書の多彩な教えを全体が調和するように解釈すると、聖書の真意がわかってくるものなのです。

(4) 自分自身に当てはめる

これまで述べた三つのルールは、聖書が何を意味したか、それが書かれたときの意味を知るためのものです。その「意味」が時代を超え、現代の私たちにどう当てはまるのか、私たちにとっての「意義」を考えること。それが第四のルールです。

聖書を「適用」する際、気をつけなければならないことがあります。聖書にはたくさん歴史の叙述、起こったことの報告がありますが、その多くは単に記述／報告をしているだけで、そうせよと命じているわけではありません。登場人物がしていることだから、それをしなければならないということではないのです。

たとえば、創世記二四章には「イサクの嫁取り」の話があります。アブラハムは息子イサクの嫁を探すよう、しもべを親族のところに遣わしました。そのしもべは、自分に水を飲ませてくれる娘こそ嫁となるべき人であると信じ、神に祈って泉のほとりに立ちます。はたして願っていたとおりのことが起こり、彼はリベカという娘を連れて帰ることになりました。これと同じことをしなさいと、聖書が教えているわけではありません。しかし、神の前にへりくだって導きを求めつつ使命に向かう姿勢は、みならうことができるでしょう。何でも杓子《しゃくし》定規に同じことをするというより、そこにある精神、姿勢などを自分に当てはめることが大切です。

もう一つ例を挙げましょう。「使徒の働き」に、初期のエルサレム教会で資産家たちが財産を売って貧しい者たちを助けていた姿が描かれています。聖書は「互いに愛し合いなさい」と勧めていますが、これはまさに推奨されるべき愛の行為です。しかし、それを「そのままの形で実行すべし」となると、硬直化した命令となる危険が生じます。隣人愛の形は多様です。また、愛は強制されるものではなく自発的なものです。ですから、模範として語られていることでも、それを絶対視すると、聖書が教えている、神の恵みによって生きる喜びの世界と違ったものが生じてきます。

聖書のことばを自分にあてはめて読むことは大切です。しかし、「この箇所から、神は何かを教えてくださるはずだ」という気持ちから、無理に教訓を引き出そうとしないでください。無理をすると、「読み込み」をしたり、こじつけをしたりすることになります。神はインスタントな答えを必ずしも与えてくださるわけではありません。

その点を心得たうえで、「この聖書の箇所から、神は私に何を語ろうとしておられるのか」という問いをもって、聖書を読んでいってください。

4　聖書を学ぶ七つの学び方

聖書を読んでいく具体的な方法として、七つのポイントを挙げることができるでしょう。

(1)　大意をつかむ

まず大意をつかむことです。新約聖書の書簡は、当初礼拝において一気に読まれました。一度に全部を読み通すと、全体の内容を把握しやすいと思います。現実にはそうもいかないでしょうが、時間のあるときには、「一気読み」をお勧めします。

とりあえず一章ずつ読んでいくとすれば、その章ごとに見出しをつけてみたらよいでしょう。あるいは段落ごとに見出しをつけると、もう少し細かい話の流れがつかめます。

たとえば、創世記の一―三章なら次のような見出しがつけられるでしょう。

一章――天地万物の創造、六日間の創造
二章――人間の創造、エデンの園に置かれたアダムとエバ

三章――罪に堕ちた人間、人間の堕落

創世記三章を段落ごとにまとめると、次のような内容であることがわかります。

一―六節　蛇の誘惑に負けたエバとアダム
七―一三節　二人の弁解
一四―一九節　罪の結果
二〇―二四節　エデンの園からの追放

(2)　中心的な教えをつかむ

次は、読んでいる箇所で最も大切な教えは何かを見つけることです。同じことばが繰り返されるなら、それが手がかりとなることがあります。たとえば、詩篇四二篇では、五節に「わがたましいよ　なぜ　おまえはうなだれているのか。私のうちで思い乱れているのか。神を待ち望め。私はなおも神をほめたたえる。御顔の救いを」とあります。また最後の一一節でもほとんど同じことばが繰り返されているので、「絶望の中で、なおも神を待ち望むこと」が中心思想であることがわかります。

あるいは、章の冒頭や結びに鍵になる表現が出ていることもあります。また、そのような手がかりがなくても、繰り返し読むと、中心的な教えをつかむことができるでしょう。

(3) 内容を分析する

「分析」などと言うと難しく聞こえるかもしれませんが、要するにいろいろな角度から考えてみることです。

ときには、思想が発展、展開していく道筋をたどることができます。例として詩篇一篇一節を取り上げてみましょう。

「幸いなことよ
悪しき者のはかりごとに歩まず
罪人の道に立たず
嘲る者の座に着かない人。」

ここに「歩まず……立たず……座に着かない」という発展があることに気がつきます。悪が進行していく様子が描かれているのです。このことから、悪は放置しておけば、恒常化して、さらに悪くなっていくことが教えられます。

対照（コントラスト）もしばしば見つかります。この詩篇にも、悪しき者と正しい者が鮮やかなコントラストで語られています。悪しき者の特徴、正しい者の特徴、悪しき者の結末、正しい者の結末が、撚《よ》り糸《いと》のように交互に述べられているのです。

⑷　神について何が教えられているか考える

聖書の主人公は神ですから、神に関して何が教えられているか考えてください。まず、神はどのような方か、考えながら読むことです。アダムとエバが罪に陥った創世記三章を例に考えてみましょう。九節で、神はアダムに「あなたはどこにいるのか」と呼びかけています。ここから、私たちがどこにいるのか、どんな状態なのか、私たち自身が気づくよう、神は私たちに問いかける方であるとわかります。

また、二一節に、「神である**主**は、アダムとその妻のために、皮の衣を作って彼らに着せられた」と記されています。ここから、罪を犯した者であっても、その必要を満たそうとされる神のあわれみを教えられます。

それから、神は何を望んでおられるか、神が求めておられることは何か、問いを抱きながら読んでください。同じ創世記三章の冒頭（一―三節）で、蛇の質問に対する女の答えは、二章一六―一七節で言われていたこととかなり違います（比べてみてください）。このことから、神が語られたことを正確に理解し、覚えておくことがいかに大切であるかがわかります。

あるいは、一一―一三節で自分の罪を認めず、言い訳をし、他の者に責任をなすりつけるアダムとエバの姿から、無益な弁解をせず、罪は罪として率直に認めるよう、神は望んでおられるのではないか、と教えられるでしょう。

(5) 私たちについて何か学ぶことはないか考える

その次に学ぶことは、私たち自身についてです。今見た箇所は、まさに人間の罪の現実を明らかにしています。アダムは自分を正当化しようと、自分の妻に責任を転嫁するのです。どこまでも自分の非を認めたくない私たち自身の姿を見せつけられる思いがします。

聖書に登場してくる人物の姿に、ならうべき模範がないだろうかと考えることも有益です。創世記六章から「ノアの箱舟」の話が始まりますが、その章の結びに「ノアは、すべて神が命じられたとおりにし、そのように行った」とあります（二二節）。このことばは、その命令が尋常ではないだけに印象的です。私たちはノアの模範から、すべてが理解できなくても神に対して従順であることの重要性を教えられます。

このように模範ばかりでなく、聖書にはしばしば「反面教師」が登場します。ならってはいけない悪い例です。アダムとエバはまさにその典型です。

(6)　なぜだろう？　どういう意味だろう？と問う

神は私たちに考える力を与えてくださいました。もちろんその能力も罪によってゆがめられてしまったため、間違いをおかしやすいのですが、それでも、神の助けを求めながら、聖書のテキストについていろいろ考えてみることは必要なことです。好奇心と問題意識を抱きながら読むことが大切です。

たとえば、創世記三章九節にある「あなたはどこにいるのか」という神の質問を取り上げましたが、かつて私は、「神がアダムたちの居場所を知らなかったはずはない。それなら、どうして神はこのように尋ねたのか」という疑問をもちました。その問題を考えていくうちに、神はむしろアダム自身に自分がどこにいるのか気づかせようとしたのだ、とわかってきたのです。

(7)　読んでいる箇所を越えて広く調べる

聖書を読むことに慣れてきたら、ぜひ広く調べるということにも挑戦していただきたいと思います。

そのようなとき、新改訳聖書の脚注は便利です。たとえば創世記三章四節の注に、「ヨハ八44、Ⅱコリ一一3」とあります。そこでヨハネの福音書八章、コリント人への手紙第二、一一章を調べてみると、エバが惑わされたこと、そして惑わしたのは（蛇の姿をしていますが）サタン＝悪魔という存在であったことがわかります。また、サタンの本質が偽りにあることがわかってきます。

聖書には結構「並行箇所」があります。同じことを報告している複数の箇所のことです。特に福音書にはたくさんの並行箇所があります。そこで比べて読んでみると、視点の違いがわかって、立体的に読むことができます。

さらに興味深いのは、新約聖書を読む際、旧約聖書にさかのぼって背景を調べることです。ヨハネの福音書一〇章一一節に、「わたしは良い牧者です」というキリストのことばがあります。脚注を見ると、「エゼ三四11―16、23」とあります。エゼキエル書三四章を開いて読むと、腐敗したイスラエルの牧者（民族の指導者）たちのことで、神が嘆き、神ご自身が牧者となると言われています。また、「一人の牧者、わたしのしもべダビデを起こす」という約束もあります。したがって、キリストはエゼキエル書三四章に約束されていた牧者であり、また神ご自身であることがわかってくるのです。

聖書を読んでいくうちに、あなたもこの牧者、私たちの人生を導いてくださるイエス・キリストに出会っていただきたいと思います。

おわりに

地図があっても、森の中に入って行かなければ、何の役にも立ちません。マニュアルを読んでも、実行しなければ意味がありません。同様に、この本を読んでそれで終わるとしたら、とても残念です。

ですから、とにかく読み始めてください。矛盾するようですが、この本で指摘したことにあまりとらわれずに読んだほうがよいかもしれません。読むことに行き詰まったり、マンネリ化してきたりしたら、この本に戻ったらよいかもしれません。

しかしながら、聖書について、もう少し詳しい解説が欲しい方もおられるでしょう。そのような方々のために、いのちのことば社から出版されている書籍をいくつか紹介しましょう。以下のものは出版社では在庫切れになっていても、インターネットや書店で購入できるものもあります。

ヘンリー・H・ハーレイ『新聖書ハンドブック』(いのちのことば社、二〇二〇年)

デイビッド・P・バレット『コンサイス聖書歴史地図』（いのちのことば社、二〇一九年）
ピーター・ウォーカー『聖地の物語――目で見る聖書の歴史』（いのちのことば社、二〇一五年）
泉田昭他編『新聖書辞典　新装版』（いのちのことば社、二〇一四年）
千代崎秀雄他『聖書人物伝　これだけは知っておきたい一二七人』（いのちのことば社、二〇一三年）
ティム・ダウリー編『基本がわかるビジュアル聖書ガイド』（いのちのことば社、二〇一五年）

そのほか、まだ完結していませんが、『新約聖書に聴く』という説教集のシリーズが、いのちのことば社から出されています。『旧約聖書に聴く』というシリーズも始まりました。どちらもこれから聖書の各書が何を伝えようとしているのか、私たちが知るうえで格好の手がかりとなるでしょう。

最後に、詩篇一四五篇一八節を引用します。皆さんの学びが実り豊かなものとなることを祈りつつ。

「主を呼び求める者すべて
まことをもって主を呼び求める者すべてに
主は近くあられます。」

二〇二三年九月

前橋にて
内田 和彦

内田和彦（うちだ かずひこ）

1947年生まれ。東京大学文学部、聖書神学舎を卒業後、福音自由教会の牧師に。米国のトリニティ神学校、英国のアバディーン大学に留学、共観福音書の研究でPh.D.を取得。帰国後、草加福音自由教会で牧会しつつ、聖書神学舎で教鞭を執り、1990年からは専任教師に（1992-2005年は教師会議長）。2008年より日本福音キリスト教会連合・前橋キリスト教会で牧会。新日本聖書刊行会・新約主任として『聖書 新改訳2017』に取り組む。
著書、『イエスの生涯〈エゴー・エイミ〉』『地上で神の民として生きる』『私たちは勇気を失いません』『改訂新版「キリスト教は初めて」という人のための本』『改訂新版「祈りは初めて」という人のための本』『改訂新版「教会は初めて」という人のための本』など。

改訂新版
「聖書は初めて」という人のための本

1999年11月10日 発行
2023年11月10日 改訂新版発行

著　者　内田和彦
印刷製本　日本ハイコム株式会社
発　行　いのちのことば社
〒164-0001 東京都中野区中野2-1-5
電話 03-5341-6922（編集）
03-5341-6920（営業）
FAX03-5341-6921
e-mail:support@wlpm.or.jp
http://www.wlpm.or.jp/

ISBN 978-4-264-04466-6